Rocco ce lo dobbiamo tenere bene

Si rischia di attingere qualcuno che non ci c'entra nulla

Benedetto Di Mauro nasce a Witten in Germania nel 1974.

Sin da piccolo si appassiona al mondo del tiro e delle armi, dimostrando un'elevata attinenza e predisposizione naturale a questo sport.

Nel corso della sua carriera vince numerose gare di tiro con mezzi non sempre al TOP, basti pensare alle vittorie avute utilizzando una Beretta 98 in Cal. 9X21, surclassando tiratori blasonati con pistole OPEN e accuratizzate per l'occasione.

Non è messa in dubbio l'efficienza della Beretta 98, ma chi è al dentro sa' perfettamente quanto possa essere difficile essere veloce e preciso con una pistola nata prettamente per la difesa.

Semplicemente lo scatto, più pesante di una qualsiasi pistola sportiva, non la rendono la prima scelta per affrontare una gara, eppure Benedetto, grazie alla sua dote, la utilizza in maniera così naturale che riesce a portarla oltre ogni limite.

Nel corso degli anni si perfeziona nell'insegnamento, effettuando corsi di tiro sportivo in tutta Italia, facendosi notare per la facilità con la quale riesce ad inculcare al corsista nozioni non proprio semplici; questo grazie solo alla perfetta conoscenza della materia ed alla grande passione che lo contraddistingue.

I suoi corsi sono inoltre resi ancora più avvincenti grazie al suo essere *"Napoletano inside"*, che lo porta a dire frasi apparentemente senza senso ma, nel contesto, perfettamente inserite.

Buona lettura.

Andrea che dice: Ok, conta
che, poco prima delle 18 vado
dal boss a prendere la
"lettera di conferma" (come
dice lui). Le referenze di
Ottorino.

Le vostre prestanze fisiche

Dal vicolo X al vicolo iupsilon

Le linee guide

Del quadro non guardi
solamente il faro nel mare ma
guardi tutto il quadro

Come la cosa potionski

Cos'è l'atteggiamento tattico? Sotto militare dicevano A: la posizione del camasutra... Noooo...

Ora si allungano le giornate e possiamo fare i corsi in notturna

Una forza di causa maggiore

Spezzo un giavellotto a vostro favore

Il tempo ci ha condonato

Ok, aspettiamo 5 minuti,
dopo 30 secondi, allora :....

Via carrioli... (Via Cairoli)

Io che lavoro in borghese
come mi devo comportare?
Innanzitutto devi tirare fuori
la piastra... Paolo risponde:
sì per i capelli..

Acqua all'acqua e vino al vino

Siete sgaiattolati

Ho le scarpe al muro

Questa cosa genera artrito

Al posto di Red Bull Benedetto dice Pitt Bull

In un punto che ci trovi subito la locuzione

Devo fare un tiro cigno

Il leone quando attacca Bambi...

In uno scontro a fuoco vi
salvano 4 elementi: fortuna
fortuna fortuna e
addestramento

Lo trovi il giorno dopo a bere
il caffè e gli fai testa e banco

Vuoi che ti do da parlare?

Il cavalca fortezza

È che c'è l'ostretrica

Fervo dalla curiosità di cosa ci scrivi

È litrofo (limitrofo)

È un interpass (empasse)

Lo sai che sulla musica c'è il copri rigth?

Costanza come Costanza e Vaccaro.....

Perché io sono padre e pio...

Questo fucile è precisamente schifoso

Razzola bene e predica male

Cambiando il risultato degli addendi il risultato non cambia

In uno dei cascamenti...

Perché qui da imparà non ci deve insegnare niente nessuno

Hanno avuto un po' di artriti

Queste cose messaggeriche

Perchè K sta sotto il tuo letto
(K è la moglie di Paolo)

Ti aspetto al bivio

Senti in questura per il rinnovo di mia moglie

Te Razzoli bene e Razzoli peggio

Andrea riferendosi al copione da fare per le pillole di S.Cou.T. dice: si sarà preparato i copioni o va così tutto di imbracciatura?

Andrea dice: milantropo

Benedetto dice: mi darò il nome in codice: Colonnello Potionski

Perché Le Czete hanno di questi problemi.
(si riferisce alle pistole CZ)

Parlando del campo di tiro di
Monopoli Benedetto dice:
non è gigantissimo.

Benedetto parlando del campo di Montopoli dice che è pulito e linto.

www.ingramcontent.com/pod-product-compliance
Lightning Source LLC
Chambersburg PA
CBHW070337290526
45791CB00003B/1364